Yellow Umbrella Books are published by Capstone Press,
151 Good Counsel Drive, P.O. Box 669, Mankato, Minnesota 56002.
www.capstonepress.com

Library of Congress Cataloging-in-Publication Data
Bauer, David (David S.)
    [People change the land. Spanish]
    La gente cambia la tierra / por David Bauer.
    p. cm.—(Yellow Umbrella: Social Studies - Spanish)
    Includes index.
    ISBN 0-7368-4179-2 (hardcover)
    1. Civil engineering—Juvenile literature. 2. Land use—Juvenile literature. I. Title. II. Yellow umbrella books for early readers. Level B, Social studies
TA149.B3818 2005
624—dc22   2004052990

Summary: Simple text and photographs explore ways in which people change the land, from building houses and bridges to planting gardens.

Editorial Credits
Editorial Director: Mary Lindeen
Editor: Jennifer VanVoorst
Photo Researcher: Scott Thoms
Developer: Raindrop Publishing
Adapted Translations: Gloria Ramos
Spanish Language Consultants: Jesús Cervantes, Anita Constantino
Conversion Editor: Roberta Basel

Photo Credits
Cover: Image Ideas; Title Page: Image Ideas; Page 2: Image Ideas; Page 3: PhotoDisc; Page 4: Digital Vision; Page 5: Royalty-Free/Corbis; Page 6: Royalty-Free/Corbis; Page 7: PhotoDisc; Page 8: Corbis; Page 9: Macduff Everton/Corbis; Page 10: Digital Vision; Page 11: Royalty-Free/Corbis; Page 12: Corbis Images; Page 13: Corel; Page 14: Royalty-Free/Corbis; Page 15: Buddy Mays/Corbis; Page 16: Comstock

1 2 3 4 5 6 10 09 08 07 06 05

La gente cambia la tierra

por David Bauer

Consultant: Dwight Herold, Ed.D., Past President,
Iowa Council for the Social Studies

Yellow Umbrella Books
Social Studies - Spanish

an imprint of Capstone Press
Mankato, Minnesota

La gente cambia la tierra

¿Cómo se parecen las granjas y las ciudades? ¿Cómo se parecen los túneles y los puentes?

¿Cómo se parecen los lagos
y las represas? Todas son maneras
en que la gente cambia la tierra.

Escavando
y sembrando

Antes que la gente cambiara
la tierra, es posible que se viera así.

La gente cambia la tierra
cuando escava y siembra.
Los granjeros cambian la tierra
cuando la cultivan.

Las casas y las ciudades

La gente también cambia la tierra cuando construyen. Construyendo casas cambia la tierra.

Construyendo ciudades cambia la tierra, también. ¿Cómo piensas que era la tierra antes que se construyera esta ciudad?

Los puentes

Antes que la gente cambiara
la tierra, es posible que se viera así.

La gente cambia la tierra cuando construye puentes. Los puentes permiten a la gente visitar los dos lados de la tierra.

Los túneles

Una montaña es una parte alta de la tierra. Antes que la gente cambiara la tierra, una montaña podría verse así.

La gente cambia la tierra
cuando construye túneles.
La gente usa los túneles
para pasar por una montaña.

Las represas

Antes que la gente cambiara
la tierra, un río podría verse así.

La gente cambia la tierra cuando construye represas. Una represa controla la corriente del río.

Los lagos

A veces la gente usa las represas para crear lagos. Creando lagos es otra manera en que la gente cambia la tierra.

La gente crea lagos para mantener
el agua en un lugar. Algunos
de estos lagos nos dan agua
para tomar.

¡Cambia la tierra!

¡Escava un hoyo!
¡Siembra un jardín!
Tú puedes cambiar la tierra.

16

Glosario/Índice

(la) ciudad—pueblo muy grande; páginas 2, 7

construir—hacer una obra juntando los elementos según un plan; páginas 6, 7, 9, 11, 13

(la) granja—casa de campo rústica, con huerto y establo; página 2

(el) jardín—terreno donde se cultivan plantas, en especial de adorno; página 16

(el) puente—estructura construida sobre ríos, fosos, etc., para cruzarlos; páginas 2, 9

(la) represa—obra generalmente de cemento armado, para contener o regular el curso de las aguas; páginas 3, 13, 14

sembrar—poner las semillas en la tierra preparada para que germinen; páginas 5, 16

(el) túnel—pasaje suberráneo abierto de manera artificial; páginas 2, 11

Word Count: 248
Early-Intervention Level: 12